1908 Juin-12

296 Chambre des Commissaires-Priseurs
Envoi à la Bibliothèque Nationale

AF460524

COLLECTION

E. COUDRAY

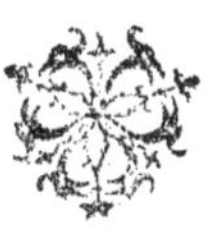

Paris — 1908

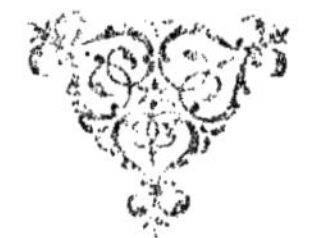

Collection de feu M. E. COUDRAY

TABLEAUX MODERNES

Aquarelles, Pastels, Dessins

CONDITIONS DE LA VENTE

Elle sera faite au comptant.

Les acquéreurs payeront *dix pour cent* en sus des enchères.

ORDRE DES VACATIONS

Le Vendredi 12 Juin 1908

Numéros pairs et le n° 27.

Partie du n° 159.

Le Samedi 13 Juin 1908

Numéros impairs à l'exception du n° 27.

Partie du n° 159.

Paris. — Imp. Georges Petit, 12, rue Godot-de-Mauroi.— 18776-08

CATALOGUE

DES

TABLEAUX MODERNES

Aquarelles, Pastels, Dessins

PAR

BOUCHÉ, BOUDIN, BROWN (J.-L.), CHAPLIN (CH.)
COCK (CÉSAR DE), COROT, DAUBIGNY (CH.), DE MARNE, DETAILLE (ÉD.)
DIAZ (N.), DINET, DUPRÉ (JULES), DUPRÉ (VICTOR), FANTIN-LATOUR
HARPIGNIES, HENNER, ISABEY (E.), JACQUE (CH.), JONGKIND, LAMI (EUG.), LÉPINE
LHERMITTE, MARCKE (VAN), MOREAU (GUSTAVE)
MORLOT, RIBOT (TH.), ROUSSEAU (PH.), ROYBET, TASSAERT
TOULMOUCHE, VOLLON (A.), WEBER, ZIEM

Composant la

COLLECTION DE M. E. COUDRAY

ET DONT LA VENTE AUX ENCHÈRES PUBLIQUES APRÈS DÉCÈS

AURA LIEU

HOTEL DROUOT, Salles 9, 10 & 11 réunies

Les Vendredi 12 et Samedi 13 Juin 1908

à 2 heures 1/2

COMMISSAIRE-PRISEUR

Me F. LAIR-DUBREUIL, 6, rue Favart.

EXPERTS

M. J. ALLARD	M. TH. BONJEAN
20, rue des Capucines, 20	10, rue Laffitte, 10

EXPOSITIONS

PARTICULIÈRE : *Le Mercredi 10 Juin 1908, de 1 heure 1/2 à 6 heures.*
PUBLIQUE : *Le Jeudi 11 Juin 1908, de 1 heure 1/2 à 6 heures.*

Entrée par la rue Grange-Batelière.

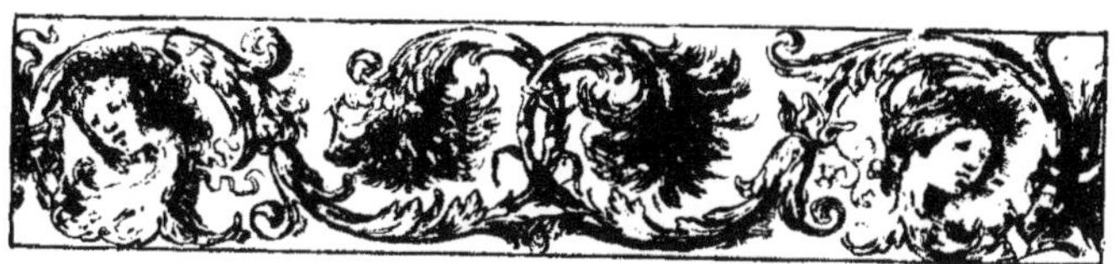

Tableaux Modernes

BAIL (Joseph)

1 — *Une Famille de chats.*

Les petits sont au balcon, dans une bassine de cuivre posée sur une table de cuisine. Et près de la bassine, la chatte, ramassée sur ses pattes, avec des yeux de tigre, s'apprête à se défendre contre toute intention hostile.

Signé à droite, en haut : *Bail Joseph.*

Toile. Haut., 21 cent.; larg., 27 cent.

BAIL (Frank)

2 — *Œufs sur un plat.*

Signé en bas, à gauche.

Bois. Haut., 13 cent.; larg., 18 cent.

BAIL (Frank)

3 — *Ustensiles de cuisine et légumes.*

Signé en bas, à droite.

Bois. Haut., 13 cent.; larg., 18 cent.

BOUCHÉ (A.)

4 — *Près de Meaux.*

Signé en bas, à droite : *1868.*

Bois. Haut., 39 cent.; larg., 58 cent.

BOUDIN

5 — *Canal à Louvain.*

L'eau est montée jusqu'au bord des quais; à droite, dans l'ombre, les maisons s'alignent, coiffées de tuiles brunes ou rouges. Le long du quai, les chalands sont amarrés. Au premier plan, à droite, une bonne femme est en train de tremper son linge. A gauche, le terrain, au tournant du canal, dessine un promontoire. Un pâté de maisons offre ses façades blanches à la vive lumière qui tombe du ciel clair tout paré de nuages blonds. Une carriole s'éloigne et, derrière elle, on voit un homme en blouse rouge, en selle sur un cheval bai clair. Dans le miroir de l'eau frissonnante, le ciel, les maisons, les chalands et le cavalier mettent de beaux reflets.

Daté : *71*.

Bois. Haut., 27 cent.; larg., 40 cent.

Collection Faure.

BOUDIN

6 — *L'Heure de la baignade, à Trouville.*

C'est l'heure de la baignade : mais le temps est gros, le vent est cinglant et les amateurs sont peu nombreux. Pourtant à gauche, à l'abri des cabines, les baigneurs sont assemblés, et la potinière tient ses assises. A droite, au fond, quelques barques sont balottées sur le flot. Ciel gris.

Signé à droite, en bas : *E. Boudin, 1868.*

Bois. Haut., 26 cent. 1/2; larg., 47 cent. 1/2.

BOUDIN

7 — *Port de Trouville, le matin.*

Au milieu du bassin, une goélette aux voiles gonflées par le vent. A gauche, le long des quais construits de maisons, des bateaux sont à l'ancre. Dans le ciel, des nuées vont se dissiper pour laisser apparaître l'azur.

Signé à gauche, en bas : *Boudin.*

Toile. Haut., 33 cent.; larg., 46 cent.

BROWN (John-Lewis)

8 — *La Rencontre.*

Dans la clairière, un cavalier en habit rouge et une amazone sont arrêtés, vus de dos, et causent avec une jeune femme conduisant une voiture. Dans la voiture on aperçoit une fillette en robe rose. Au fond, le paysage blond délicieusement, est limité par la masse bleue sous l'atmosphère des collines boisées.

Signé à droite.

Bois. Haut., 34 cent. 1/2; larg., 27 cent.

Collection A. Blanc.

BRUCK-LAJOS

9 — *Vieille femme à l'enfant.*

Signé à droite.

Toile. Haut., 49 cent. ; larg., 35 cent.

BURGERS

10 — *Moines conduisant une sœur malade (Venise).*

Signé à droite, en bas : *Burgers.*

Toile. Haut., 45 cent. 1/2 ; larg., 66 cent.

CHAPLIN (Ch.)

11 — *La Toilette.*

C'est une jeune femme, debout, en train de lacer son corsage rose. Une jupe rose qu'elle porte est relevée sur une jupe de dessous blanche. Tandis qu'elle se revêt, elle examine attentivement dans un miroir placé à côté d'elle sur une commode Louis XV, la grâce de sa gorge souple que son corsage découvre amplement. A ses pieds il y a une corbeille à papier et un tabouret de velours frappé.

Signé à gauche, en bas : *Ch. Chaplin, 1869.*

Toile. Haut., 51 cent. ; larg., 31 cent. 1/2.

COCK (César de)

12 — *Le Printemps (effet du matin).*

Signé à droite, en bas : *César de Cock, 1882.*

Toile. Haut., 55 cent.; larg., 39 cent.

COCK (César de)

13 — *L'Automne (effet du soir).*

Signé à droite, en bas : *César de Cock, 1881.*

Toile. Haut., 55 cent.; larg., 38 cent.

COROT

14 — *L'Étang.*

Au premier plan, l'eau frissonnante et pleine de reflets qui tombent d'un ciel illuminé de matin, offre sa fraicheur à une vache qui y est entrée jusqu'aux genoux et hume l'air encore imprégné de vapeurs humides. A droite, des massifs d'arbres indiquent l'entrée du bois. Et des brume glissantes s'accrochent fugitives aux frondaisons balancées.

A gauche, au fond, on aperçoit, émergeant des verdures, les toits de quelques maisonnettes, dont l'une est coiffée de tuiles rouges.

Signé à gauche, en bas : *Corot.*

Toile. Haut., 24 cent.; larg., 32 cent. 1/2.

COROT

15 — *Le Vieux pont Saint-Michel.*

Au premier plan, le petit bras de la Seine, traversé par le vieux pont aux quatre arches de pierre et au dos d'âne très prononcé. Au-dessus du pont, à gauche, on aperçoit les tours Notre-Dame, dont les deux cubes parallèles, aux dentelles de pierre, se dressent sur le fond du ciel bleu. A droite, les maisons du quai, puis le vieil Hôtel-Dieu.

Signé à droite, en bas, du timbre de la vente Corot.

Toile. Haut., 24 cent. 1/2; larg., 29 cent. 1/2.

Vente Corot (1875), n° 4.
Collection L. Chamouillet.
Catalogue Moreau-Nélaton, n° 15.

COROT

16 — *Lisière du bois, au bord d'un étang.*

A gauche, le bois commence, grands arbres aux frondaisons légères sur un fond de ciel où la lumière hésite derrière la gaze des nuées. Au premier plan, dans le terrain qui dévale, un bonhomme s'éloigne, vêtu de noir et coiffé de blanc. Au fond, à droite, on aperçoit l'étang à l'eau calme et pleine de reflets; sur la rive opposée, le sol se relève en une colline dont le sommet est occupé par des constructions.

Signé à gauche, en bas : *Corot.*

Bois. Haut., 24 cent.; larg., 15 cent.

Collection Charles Desarary.
Collection Eugène Lecomte.
Catalogue Moreau-Nélaton, n° 2239.

DAUBIGNY

17 — *La Plage.*

Au premier plan, la plage déserte, avec des éboulis de galets que la marée viendra reprendre, rouler et rejeter. Au fond, la mer calme, sur laquelle, au lointain, un voilier est ballotté, et qui semble porter à l'horizon tout le poids du ciel où s'agitent, en une tragique chevauchée, des nuages alternativement sombres ou lumineux.

Signé à gauche, en bas : *Daubigny.*

Bois. Haut., 25 cent. ; larg., 48 cent.

DE MARNE (Jean-Louis)

18 — *Le Marchand de plaisirs.*

A l'entrée d'une ferme, au mur de laquelle rampent les lierres, le marchand de plaisirs a déposé sa boite et, autour d'elle, une jeune mère portant son enfant sur ses genoux, fait tourner l'aiguille qui décidera du nombre des gourmandises distribuées. Autour de la boite, des enfants sont debout, joyeux, inquiets ou pleurnichards, guettant le mouvement de l'aiguille, sous l'œil bienveillant d'un vieillard assis dans l'ombre et fumant sa pipe ; des chiens ne semblent pas indifférents à la distribution prochaine. A droite, une ménagère récure une bassine de cuivre. Au fond, à gauche, on aperçoit la place d'un village au milieu de laquelle s'élève un monument. Un arbre au feuillage touffu balance ses branches sur l'écran d'un ciel nuageux.

Bois. Haut., 31 cent. ; larg., 36 cent.

DE MARNE (Jean-Louis

19 — *L'Heureuse famille.*

Dans un intérieur humble, un paysan fait sauter sur son genou un bambin frisé, que cette gymnastique semble fort égayer. Près du paysan, sa jeune femme, au corsage largement ouvert, sourit à l'enfant heureux, tandis que son dernier né dort dans une bercelonnette. Au premier plan, à droite, un chien couché sur ses pattes assiste à cette joie, avec philosophie.

Bois. Haut., 25 cent. 1/2 ; larg., 21 cent.

DIAZ DE LA PENA (Narcisse)

20 — *Promenade dans un bois.*

Tandis qu'elles se promenaient dans le bois aux frondaisons déjà rouillées par l'automne, les deux adolescentes, plus fillettes encore que jeunes filles, se sont arrêtées. L'une blonde, vêtue d'une jupe rose et d'un corsage de velours noir à bretelles sur une guimpe blanche, s'est assise sur une roche et porte sur ses genoux un petit chien blanc tout à fait à l'aise et calme sur son arrière-train. Près d'elle, sa compagne, aux cheveux châtain fauve, se tient debout, les mains aux hanches, et vêtue d'une chemise blanche et d'une jupe bleu paon, retenue à la ceinture par une écharpe brune. A droite, un chien de berger, à la forme svelte, à la robe mêlée de blanc, de noir et de feu, regarde attentivement l'autre petit chien, qui ne semble nullement dispos à aller jouer avec un camarade de si forte taille.

Dans l'encadrement des branches, derrière les deux têtes des promeneuses, on aperçoit, à travers des nuées grises, un ciel d'azur profond.

Signé à gauche, en bas : *N. Diaz.*

Bois. Haut., 32 cent.; larg., 24 cent. 1/2.

DIAZ DE LA PENA (Narcisse)

21 — *La Clairière.*

Dans la forêt, à l'endroit où les arbres se sont espacés, les roches semées par quelque main titanesque accentuent le mouvement du sol. Et sur ces roches se sont attachées les mousses dont la pâleur humide s'offre à la caresse de la lumière. Au fond, au-dessus des frondaisons épaisses où doivent s'agiter les nids, le ciel s'étend, cachant derrière un rideau de nuées grises son azur encore enveloppé de floconnements blancs.

Signé à gauche, en bas : *N. Diaz.*

Bois. Haut., 25 cent.; larg., 37 cent.

Collection Jaluzot.

DIAZ DE LA PENA (Narcisse)

22 — *Étude d'arbres dans la forêt.*

Au premier plan, un arbre au tronc puissant et droit, dont l'écorce lisse reçoit une vive lumière. A droite, dans l'ombre de la forêt, une moussière en fichu rouge est occupée, le corps plié en deux, à ramasser des herbes.

Signé à gauche, en bas : *N. Diaz.*

Toile. Haut., 35 cent. ; larg., 23 cent.

DIAZ DE LA PENA (Narcisse)

23 — *Une Gerbée de fleurs aux couleurs éclatantes.*

Bois. Haut., 26 cent. 1/2 ; larg., 19 cent. 1/2.

DINET (E.)

24 — *Arabe en prière.*

« Un autre Arabe tient son chapelet à la main, tandis que ses yeux baissés scrutent l'intérieur de son âme, à qui sa conscience vient chercher dispute ». *(Mirages.)*

Signé à gauche : *E. Dinet, 1905.*

Toile. Haut., 46 cent. ; larg., 39 cent.

DINET (E.)

25 — *Amusement de fillettes.*

Jeu ressemblant à la cloche en France ; mais la cloche n'est pas admise chez les Musulmans, qui l'ont remplacée par la « voix du Muezzin ». Elles se tiennent dos à dos, les bras croisés sur la poitrine l'une de l'autre.

Tout d'un coup, l'une se baisse et, soulevant brusquement sa compagne, elle lui dit : « Qu'y a-t-il au-dessus de toi ? — Le ciel bleu, dit-elle. Mais à son tour elle se trouve bousculée et courbée vers la terre, sous sa compagne qui lui demande ironiquement : — Qu'y a-t-il au-dessous de toi ? « Elle dit ennuyée : La terre et sa poussière », laissant comprendre qu'elle préférait le ciel bleu et sa première situation.

Signé : *E. Dinet, 1906.*

Toile. Haut., 60 cent. ; larg., 50 cent.

DROUAIS (École de)

26 — *Portrait d'un petit garçon.*

Toile ovale. Haut., 47 cent.; larg., 37 cent.

DROUAIS (École de)

27 — *Portrait d'une petite fille.*

Toile ovale. Haut., 45 cent.; larg., 36 cent.

DUPRÉ (Jules)

28 — *Cour de ferme.*

C'est un matin d'été; le ciel est bleu et le soleil, encore bas sur l'horizon, vient caresser d'une belle lueur blonde le mur de la ferme, qui dresse à gauche sa construction basse, coiffée de chaume. A droite, une grange apparaît dans l'ombre; au fond, par delà la clôture de la ferme, on aperçoit un bois aux frondaisons touffues. Près du seuil, un arbre lève ses branches aux feuilles dorées par l'été. Dans les premiers plans s'étend la cour de la ferme, au sol creusé par places, où stagnent des flaques d'eau, miroirs improvisés du ciel. Et, ici et là, des poules se promènent en picorant.

Signé à droite, en bas : *Jules Dupré à son ami Mène.*

Daté à gauche, en bas : *1860.*

Toile. Haut., 74 cent.; larg., 60 cent.

Collection Mène.

DUPRÉ (Jules)

29 — *Les Chaumières dans la campagne.*

Dans la campagne, dont le sol mouvementé se pare d'herbages épais, agrémenté à gauche de quelques fleurettes, les maisonnettes aux toits de chaume sont disséminées. Il y en a trois à gauche, deux vers la droite, et, au fond, on aperçoit un moulin, près de quelques massifs d'arbres. Au milieu, dans le champ, deux vaches sont en train de paître. Une lumière discrète enveloppe tout ce coin de nature : pourtant, une note plus vive vient chanter sur le mur de la chaumière élevée au milieu. Dans le ciel, de grands nuages gris se croisent avec des nuées ourlées de lumières. Au-dessus des nuées, on aperçoit quelques transparences d'azur.

Signé à droite, en bas : *J. Dupré.*

Toile. Haut., 33 cent.; larg., 53 cent.

DUPRÉ (Victor)

30 — *Vaches paissant dans un pré, au bord d'une mare.*

Signé à gauche, en bas : *Victor Dupré.*

Bois. Haut., 21 cent. 1/2; larg., 37 cent.

DUPRÉ (Victor)

31 — *Le Soir sur la plaine.*

Signé à droite, en bas : *Victor Dupré.*

Bois. Haut., 15 cent.; larg., 35 cent.

FANTIN-LATOUR

32 — *La Dryade surprise.*

Dans le soir qui descend au fond du bois, la dryade s'est dévêtue au bord de la source. Les dernières clartés du jour, filtrant à travers les frondaisons, viennent blondir ses chairs chaudes et mettre sur ses modelés des ombres encore diaphanes. Mais voici qu'un bruit, léger comme un murmure ou comme un vol d'oiseau, vient troubler sa solitude et inquiéter le secret de sa beauté nue. Le torse penché en avant, elle détourne légèrement la tête pour voir quel indiscret vient ainsi la surprendre. Au fond, parmi les branches, on aperçoit un pan de ciel avec de tardives traînées de soleil couchant.

Signé à gauche, en bas : *Fantin.*

Toile. Haut., 39 cent. ; larg., 45 cent.

FANTIN-LATOUR

33 — *Nymphe assise dans une clairière.*

Dans le silence mystérieux du bois, la nymphe s'est dévêtue : elle est assise sur des draperies blanches et rouges, vue de dos, ses cheveux fauves presque dénoués, son pied gauche croisé derrière le talon droit.

Toile signée à droite, en bas : *Fantin.*

Toile. Haut., 21 cent. ; larg., 30 cent. 1/2.

FANTIN-LATOUR

34 — *Le Panier de raisin.*

Sur une table, le peintre a disposé une grenade et un quartier de grenades auprès d'un panier d'où s'échappent des grappes de raisins.

Signé à gauche, en haut : *Fantin,* 75.

Toile. Haut., 31 cent.; larg., 43 cent.

FANTIN-LATOUR

35 — *Vase de fleurs.*

Dans un vase de grès, on a disposé toute une brassée de fleurs, roses, rouges, blanches, roses thé, dahlias, marguerites et pâquerettes, œillets, etc. Cette symphonie de couleurs vives, mêlée de feuillage vert, chante sur un fond gris neutre.

Signé à gauche, en bas : *Fantin, 92.*

Toile. Haut., 44 cent. ; larg., 56 cent.

FANTIN-LATOUR

36 — *Roses, dahlias, pervenches et autres fleurs dans un vase.*

Signé à droite, en haut : *Fantin, 78.*

Toile. Haut., 25 cent. 1/2 ; larg., 33 cent. 1/2.

FANTIN-LATOUR

37 — *Roses diverses sur un feuillage vert.*

Signé à droite, en haut : *Fantin.*

Toile. Haut., 21 cent.; larg., 33 cent.

GROLLERON

38 — *Un Dragon.*

Signé à gauche, en bas : *P. Grolleron.*

Bois. Haut., 17 cent. 1/2, larg., 18 cent.

HARPIGNIES

39 — *L'Étang, le soir.*

L'heure calme. Autour de l'étang, dont l'eau reçoit les reflets du ciel apaisé, la forêt dresse ses massifs aux frondaisons assourdies. Au fond, le soleil qui décline montre encore son disque de feu plus haut que les branches.

Signé : *H. Harpignies, 1869.*

Bois. Haut., 14 cent. 1/2 ; larg., 31 cent.

Collection Ch. Viguier.

HARPIGNIES

40 — *Soleil couchant sur la campagne.*

Au bas d'un mouvement de terrain, sur la pente duquel sont plantés de grands arbres, passe un étroit chemin, bordé de l'autre côté par une campagne vallonnée, plantée également de quelques massifs d'arbres. Dans le ciel, il y a de larges envolées de nuages gris, mais voici qu'à l'horizon, vers la gauche, le soleil en déclinant allume ses clartés d'incendie, et, jusqu'à la droite, ce sont des reflets chauds qui montent au-dessus de la campagne, dernière clameur du jour qui va s'effacer dans la nuit.

Signé à gauche, en bas : *H. Harpignies, 1890.*

Bois. Haut., 34 cent. 1/2 ; larg., 47 cent.

HARPIGNIES

41 — *Les Chênes dans la prairie.*

Signé à gauche, en bas : *H. Harpignies, 75.*

Toile. Haut., 22 cent. 1/2; larg., 26 cent. 1/2.

HARPIGNIES

42 — *Le Matin, dans la forêt.*

Un pli de terrain aux saillies rocheuses et aux flancs boisés qui descend en pentes douces jusqu'aux bords d'une source : ciel clair avec des nuages blancs.

Signé à gauche, en bas : *H. Harpignies.*

Bois. Haut., 10 cent.; larg., 15 cent. 1/2.

Collection de M. le comte de Maigret.

HARPIGNIES

43 — *Le Soir.*

Un homme en blouse blanche, vu de dos, s'éloigne et suit le chemin tournant qui traverse la clairière. A droite et à gauche du chemin, le sol mouvementé laisse parmi les herbes vertes apparaître des pierres dénudées. Au fond, de beaux arbres disséminés élèvent leurs fières silhouettes sur l'écran du ciel embrasé par les feux du soleil couchant.

Signé à droite, en bas : *H. Harpignies.*

Bois. Haut., 9 cent. 1/2 ; larg., 15 cent. 1/2.

Collection de M. le comte de Maigret.

HENNER

44 — *Biblis.*

Au fond du bois sacré, à l'ombre des grands arbres dont la frondaison se dessine sur un fond de ciel d'azur profond, la nymphe s'est retirée. Debout, elle cache sa figure sur son bras appuyé au sommet d'une roche moussue, et elle pleure. Elle pleure le désemparement de son âme trahie. Ses longs cheveux roux s'épandent sur la roche comme une traînée de feu. Elle n'a, dans la détresse où la plonge son amour déçu, nul souci de la chaleur vivante qui caresse ses chairs nues, et glisse sur ses formes graciles où l'on devine un frisson tendre ; et déjà, à ses pieds, ses larmes provoquent la source où le ciel mettra comme des reflets d'espoir.

Signé à gauche, vers le bas : *Henner.*

Toile. Haut., 1 m. 02; larg., 65 cent.

HENNER

45 — *La Veuve.*

Elle est vue de face jusqu'à mi-corps, en ses vêtements noirs, et la tête enveloppée de voile noir. Son visage pâle et grave s'appuie sur sa main droite relevée, et dans ses yeux profonds l'on devine comme des regards ouverts sur le passé. La figure, toute de blancheur et d'ombre, se détache sur un fond bleu foncé.

Signé à gauche, vers le bas : *Henner.*

Toile. Haut., 50 cent.; larg., 38 cent.

HENNER

46 — *Portrait de jeune femme.*

Elle est représentée de trois quarts à droite jusqu'à la ceinture, vêtue d'un corsage noir à petits galons de satin de même couleur et orné d'un col de point coupé fermé sur le devant du cou par une broche en or. Elle a les yeux clairs, le nez droit, la bouche grande, mais aimable et près de sourire, le menton fin, dessiné sur un pli gras de la joue. Ses cheveux noirs, partagés en bandeaux sur le milieu de la tête, encadrent le front et ne laissent apercevoir que le bout de l'oreille. Dans les cheveux, des fleurs au feuillage vert sont retenues par un ruban rouge fraise écrasée.

Cette œuvre, faite par le maître au moment où il revenait de Rome, et où il était encore sous l'influence des primitifs, est tout à fait remarquable. Le dessin du visage, la recherche d'expression, la souplesse vigoureuse de la couleur en font une de ces œuvres auxquelles il convient de restituer dans l'œuvre d'un artiste l'importance qu'elles méritent.

Cadre découvrant la peinture en ovale.

Signé à droite, en bas : *Henner.*

Toile. Haut., 62 cent.; larg., 48 cent.

HENNER

47 — *Nymphe au bord d'un puits.*

Au fond du bois sacré, la nymphe debout, de profil à gauche, penche au-dessus du puits sa beauté nue et grasse : sa jambe droite ployée s'appuie sur la margelle de pierre. Ses cheveux roux dénoués forment un rideau d'or sur lequel se détache son profil. Au-dessus d'elle plane un ciel bleu d'émail.

Signé à gauche, vers le bas : *Henner.*

Toile. Haut., 28 cent.; larg., 22 cent. 1/2.

HENNER

48 — *Mignon regrettant sa patrie.*

Elle est vue jusqu'à la poitrine, de profil à gauche, ses cheveux roux dénoués et tombant sur ses épaules, son corsage noir ouvert et découvrant la chemise blanche décolletée, fond bleu turquoise.

Signé à gauche, vers le bas : *Henner.*

Bois. Haut., 26 cent. 1/2; larg., 19 cent. 1/2.

HENNER

49 — *Tête de femme rousse.*

Elle est vue jusqu'à la poitrine de profil à gauche, blanche et rose sous les tresses de ses cheveux fauves.

Signé à gauche, en haut : *Henner.*

Bois. Haut., 24 cent. 1/2; larg., 20 cent.

HENNER

50 — *Tête de Hongroise.*

Son profil à gauche se dessine sur un fond sombre. Ses cheveux blonds descendent en tresses souples sur ses épaules découvertes.

Signé à droite, en haut : *Henner.*

Bois. Haut., 25 cent.; larg., 19 cent.

ISABEY

51 — *Intérieur de l'église de Delft.*

Dans le chœur, que l'on aperçoit entre les lourds piliers de pierre, des fidèles assistent à la messe. Au premier plan, devant un gentilhomme, accoudé contre la barrière du chœur, deux femmes sont agenouillées, vues de dos, tandis qu'une troisième, en robe rouge, s'effondre au pied du confessionnal. Par l'escalier de bois qui se dresse au fond, un officiant remonte, précédé d'un enfant de chœur déjà engagé dans le second palier.

Signé à droite, en bas : *E. Isabey, 62.*

Bois. Haut., 27 cent.; larg., 22 cent.

Collection Kerchner.

ISABEY

52 — *Gros temps.*

La mer est grosse, et les bateaux de pêche qui vont s'éloigner sont violemment ballottés par le flot. A droite, on aperçoit plusieurs bateaux à sec sur la plage, puis, au loin, le clocher d'une ville prochaine.

Signé à gauche, en bas : *E. Isabey, 55.*

Toile. Haut., 22 cent.; larg., 41 cent.

JACQUE (Charles)

53 — *Un Coin de basse-cour.*

Au pied du mur derrière lequel s'abrite le poulailler, dans le fumier aux mille paillettes d'or où s'égarent deux feuilles de choux, les poules et les poulettes cherchent leur vie. Il y en a de blanches, de noires, de café au lait, de tachetées de blanc, de noir et de gris. Les dominant toutes, le coq, raide sur ses ergots, la queue en panache étalée, comme dit le fabuliste, la crête rouge, le gosier prêt à jeter son cri strident, le coq surveille d'un œil sévère les allées et les venues auprès de son domaine. Dans le fumier, à droite, une cruche de terre vernissée verte est abandonnée. Deux échelons de bois conduisent au seuil du poulailler où se montre une petite poule.

Signé à gauche, en bas : *Ch. Jacque, 1869.*

Toile. Haut., 46 cent. 1/2 ; larg., 66 cent.

JACQUE (Charles)

54 — *Le Berger et son troupeau.*

C'est l'automne : au fond, à gauche, les arbres du bois dressent vers le ciel lumineux leurs branches déjà orphelines de feuilles. Au premier plan, et presque à droite, la campagne s'étend, aux herbes plus rares et plus rèches, et, dans cette campagne, le berger, vêtu de sa limousine sur son bourgeron bleu, se tient debout, appuyé sur son bâton, son feutre enfoncé sur le front. Autour de lui, son troupeau de moutons se presse, tandis que son chien zélé, attentif et vigilant, empêche, dans un galop de ses quatre pattes, les bêtes distraites de s'écarter.

Signé à gauche, en bas : *Ch. Jacque.*

Bois. Haut., 27 cent.; larg., 40 cent. 1/2.

JACQUE (Charles)

55 — *L'Étable aux porcs.*

Signé à droite, en bas : *Ch. Jacque.*

Bois. Haut., 24 cent.; larg., 33 cent.

JONGKIND

56 — *Effet de lune sur un canal, en Hollande.*

A gauche, le long du quai tout construit de maisons, un sloop de pêche est amarré, et son chargement amène autour de lui un grand mouvement de gens. A droite, quelques arbres se penchent au-dessus de l'eau. Au fond, on aperçoit, plus loin qu'un petit pont, toute une ville avec une grande cheminée d'usine fumant, et du ciel où les nuages passent fugitifs et fantastiques ; la lune réfléchit à la surface du canal les pâles clartés qui tombent de son disque.

Signé à gauche, en bas : *Jongkind, 55.*

Toile. Haut., 60 cent.; larg., 42 cent.

JONGKIND

57 — *Canal en Hollande, au clair de lune.*

Au milieu et jusqu'au fond, les moulins assis sur leurs bases trapues s'alignent au bord du canal. A gauche, un sloop de pêche est à l'ancre. Dans le ciel encore clair, la lune montre son disque pâle, qui renvoie à la surface de l'eau les reflets qu'elle reçoit du soleil.

Signé à gauche, en bas : *Jongkind, 1866.*

Toile. Haut., 34 cent. ; larg., 46 cent.

Collection Cottier.

JONGKIND

58 — *Les Patineurs.*

C'est l'hiver ; la neige est tombée abondante, et sur le sol, à droite, on aperçoit des blancheurs qu'un homme et une femme vont fouler d'un pas incertain. Le canal est pris, et sur sa glace solide les patineurs glissent. A gauche et au fond, une auberge dresse son toit marqué de trois cheminées, et un moulin lève vers le ciel clair, où s'envolent des nuées blanches, ses grands bras immobiles. Au premier plan, à gauche, et dans les arrière-plans à droite, les arbres montrent leurs branches dépouillées. A droite, le ciel où l'on devine l'azur, est accentué d'un vol d'oiseau.

Signé à droite, en bas : *Jongkind. 1862.*

Toile. Haut., 34 cent. ; larg., 56 cent.

Collection Jacquette.

JONGKIND

59 — *L'Hiver en Hollande.*

N'était le sloop de pêche qui est enserré à droite, dans la glace, on ne se douterait pas que cette large voie sur laquelle patinent des hommes, est un canal : mais la neige qui est tombée a vêtu d'une même parure les bords et la nappe devenue solide du canal. A gauche, plus loin qu'un massif d'arbres aux branches dépouillées, deux moulins dressent leurs bras pour un temps immobiles. Un vol d'oiseaux traverse le ciel bleu en partie caché derrière des nuées blondes.

Signé à droite, en bas : *Jongkind, 1869.*

Bois. Haut., 14 cent. 1/2 ; larg., 23 cent.

LANTARA

60 — *La Ferme au bord de la rivière.*

Signé.

Bois. Haut., 15 cent. 1/2; larg., 20 cent.

LANTARA

61 — *Le Cottage au milieu de la campagne.*

Signé.

Bois. Haut., 15 cent. 1/2; larg., 19 cent. 1/2.

LÉPINE (S.)

62 — *La Seine au pont de l'Alma.*

A gauche, au bord de la berge, un ponton devant lequel est amarré un chaland. Au fond, la ligne basse du pont de pierre. A droite, des chalands amarrés à la rive. De chaque côté, le long des quais, des arbres aux frondaisons touffues. Du ciel clair, une lumière blonde s'éparpille sur les choses, flotte dans l'atmosphère et fait chanter à la surface de l'eau des clairs reflets à transparence d'azur.

Signé à gauche, en bas : *S. Lépine.*

Toile. Haut., 14 cent.; larg., 23 cent.

LÉPINE (S.)

63 — *Bords de la Seine aux environs de Paris.*

Au premier plan, la berge en pente que descend un bonhomme en gilet, sa veste sous le bras. Au fond, les constructions alignées le long du quai. A droite, la Seine qui dessine un coude, et que remonte un remorqueur. Une barque traverse le fleuve et s'éloigne de deux chalands amarrés sur la rive. Le ciel est clair, blond, aérien, chaud, avec de transparentes trouées d'azur.

Signé à gauche, en bas : *S. Lépine.*

Toile. Haut., 22 cent. 1/2 ; larg., 33 cent. 1/2.

LÉPINE (S.)

64 — *Chemin à la campagne.*

Signé à droite, en bas : *S. Lépine.*

Toile. Haut., 35 cent.; larg., 18 cent.

LÉPINE (S.)

65 — *Les Bords de la Meuse. Effet de lune.*

Sur la rive droite du fleuve, où des chalands sont amarrés, un chemin tournant se dessine en bordure d'un pré : à l'endroit où le chemin tourne s'élèvent quelques constructions. A gauche, sur l'autre rive, des arbres sont plantés : puis, l'on voit les maisons d'une petite ville. Au fond, les charpentes d'un pont tournant. Au premier plan, à droite, un radeau sur lequel se tiennent deux baigneurs. A la surface de l'eau frissonnante, les beaux reflets lumineux qui tombent de la lune resplendissante dans le ciel.

Signé à droite, en bas : *S. Lépine.*

Bois. Haut., 23 cent. 1/2; larg., 33 cent.

LÉPINE (S.)

66 — *Bateau-lavoir sur le canal, à Saint-Denis.*

Le long du quai, dominé par des constructions d'usines, le bateau-lavoir est amarré et à sa suite on aperçoit des chalands. Ciel d'azur pur qui se réfléchit dans l'eau frissonnante.

Signé à gauche, en bas : *S. Lépine.*

Toile. Haut., 19 cent.; larg., 40 cent.

MARCKE (E. Van)

67 — *Pâturage au bord d'une mare.*

La journée s'achève et voici que le troupeau, vaches et moutons, va reprendre le chemin du hameau. Déjà le mouvement se dessine à gauche, dans la campagne, en avant d'un massif d'arbres dont les frondaisons apparaissent dans l'ombre, sous le ciel mouvementé. Au premier plan, au milieu, un mouton et une vache blanche vus de dos, ont encore les jambes dans l'eau, ainsi qu'une vache rousse à tête blanche qui est vue de profil, et reçoit sur sa robe luisante et grasse une vive lumière. Plus loin, dans l'ombre, le bouvier monté sur un cheval brun, frappe à grands coups de bâton une vache désobéissante. Plus loin encore, dans la plaine, on aperçoit l'orée d'un bois, dont les grands arbres aux feuilles roussies par l'été reçoivent les dernières clartés du jour.

Signé à gauche : *E.-M. Van Marcke.*

Toile. Haut., 28 cent.; larg., 40 cent.

MASSÉ (J.)

68 — *Fin d'automne.*

Signé à droite, en bas.

Toile. Haut., 51 cent.; larg., 62 cent.

METZMACKER (E.)

69 — *A mon tour.*

Signé à gauche, en bas.

Bois. Haut., 35 cent.; larg., 45 cent.

MORLOT (A.)

70 — *Coucher de soleil sur la forêt.*

Signé à droite, en bas : *A. Morlot.*

Bois. Haut., 16 cent.; larg., 22 cent.

MORLOT (A.)

71 — *Fleurs sur des feuillages sombres.*

Signé à gauche, en bas : *A. Morlot.*

Toile. Haut., 23 cent.; larg., 31 cent. 1/2.

MORLOT (A.)

72 — *Effet de lune.*

Signé à droite, en bas : *Morlot.*

Bois. Haut., 27 cent.; larg., 35 cent.

MORLOT (A.)

73 — *L'Étang dans la clairière.*

Signé à droite, en bas : *Morlot.*

Bois. Haut., 27 cent.; larg., 35 cent.

MORLOT (A.)

74 — *La Ferme.*

Signé à droite, en bas : *A. Morlot.*

Toile. Haut., 53 cent.; larg., 72 cent. 1/2.

MORLOT (A.)

75 — *La Seine, près de Meulan.*

Signé à droite, en bas : *A. Morlot.*

Toile. Haut., 54 cent.; larg., 74 cent.

MORLOT (A.)

76 — *Le Trou Madame, à Saint-Cloud.*

Signé à gauche, en bas.

Bois. Haut., 15 cent.; larg., 21 cent.

MORLOT (A.)

77 — *Le Parc de la Grange.*

Signé à gauche, en bas : *A. Morlot, 1891.*

Bois. Haut., 46 cent.; larg., 55 cent.

MORLOT (A.)

78 — *Vue de la Grange.*

Signé à droite, en bas.

Toile. Haut., 21 cent.; larg., 32 cent.

MORLOT (A.)

79 — *Vue de la Grange.*

Signé à gauche, en bas : *A. Morlot, 1895.*

Bois. Haut., 33 cent.; larg., 40 cent.

MORLOT (A.)

80 — *Vue de la Grange.*

Signé à droite, en bas.

Bois. Haut., 38 cent.; larg., 45 cent.

POINTELIN

81 — *A la nuit tombante.*

Signé à droite, en bas : *Aug. Pointelin.*

Toile. Haut., 32 cent. ; larg., 46 cent.

POINTELIN

82 — *Paysage.*

Signé à gauche, en bas.

Toile. Haut., 31 cent.; larg., 39 cent.

RIBOT (Théodule-Auguste)

83 — *Les Deux amis.*

Dans un intérieur sombre, une jeune paysanne, assise de trois quarts à droite, est en train de manger sa soupe. Elle a posé sur ses genoux son assiette, qu'elle retient de la main gauche, tandis qu'elle a sa cuillère entre le pouce et l'index de la main droite. Devant elle, son chien la regarde avec des yeux émouvants; il voudrait bien goûter au repas et il exprime par son attitude une prière suppliante. La paysanne, coiffée de blanc sur ses cheveux noirs, porte un caraco rouge à manches noires et un tablier bleu sur sa robe brune. Sur un banc, près d'elle, elle a placé une poterie de terre dans laquelle plonge une louche de bois.

Signé en bas : *T. Ribot.*

Toile. Haut., 73 cent. 1/2; larg., 57 cent.

RIBOT (Théodule-Auguste)

84 — *Les Pêcheurs bretons.*

Hommes et femmes sont assemblés et écoutent le prêche; à gauche, les femmes enveloppées de leurs capes noires; à droite, d'autres femmes et des fillettes, coiffées de bonnets blancs; au fond, trois des hommes ont la tête découverte; deux autres ont conservé sur la tête leurs feutres à larges bords.

Signé à gauche, en bas : *T. Ribot.*

Toile. Haut., 55 cent.; larg., 45 cent.

Collection Cronier.

RIBOT (Théodule-Auguste)

85 — *Le Garçon de cuisine.*

Il est assis de profil à droite, dans l'office, en son costume de marmiton. Il fume une pipe en terre qui parait lui donner quelques inquiétudes. Il s'appuie du bras droit sur une table qui porte, à côté d'un pichet de grès, du tabac dans un cornet de papier et des bouts d'allumettes. Sur le sol, une cafetière en cuivre rouge.

Signé à droite, en bas : *T. Ribot.*

Toile. Haut., 45 cent.; larg., 37 cent.

RIBOT (Théodule-Auguste)

86 — *Vieille femme cousant.*

Elle est placée de trois quarts à gauche, vêtue de noir, une couverture verte sur les jambes, une serviette blanche sur la tête. Elle est assise devant une table de cuisine qui porte deux pots de grès et elle tient de la main gauche un linge, de la main droite une paire de grands ciseaux.

Signé à droite, en bas : *T. Ribot.*

Toile. Haut., 44 cent. 1/2; larg., 37 cent.

RIBOT (Théodule-Auguste)

87 — *Les Mendiants.*

Le cuisinier était en train de plumer une volaille sur la table qui porte des poissons, un gigot et une bassine de cuivre, lorsqu'à la porte se présente une vieille mendiante conduite par une fillette. Au premier plan, un lapin vient d'être saigné sur un billot : au pied du billot, il y a une bassine de cuivre dans laquelle plonge un couteau.

Signé à gauche, en bas : *T. Ribot.*

Toile. Haut., 55 cent.; larg., 45 cent. 1/2.

ROUSSEAU (Philippe)

88 — *Retour de chasse.*

Sur un rebord de pierre, le chasseur a déposé sa poire à poudre, sa pipe et sa carnassière. Contre le mur, il a accroché à un clou un lièvre, un canard sauvage et d'autres oiseaux de chasse.

Signé à droite, en bas : *Ph. Rousseau.*

Bois. Haut., 26 cent. 1/2 ; larg., 21 cent. 1/2.

ROUSSEAU (Philippe)

89 — *La Basse-cour.*

Signé à droite, en bas.

Bois. Haut., 13 cent.; larg., 40 cent.

Collection Cottier.

ROUSSEAU (Théodore)

90 — *Ciel d'orage sur la campagne.*

Au milieu d'un pré, vers la gauche, un arbre aux branches torturées, puis, dans le ciel une chevauchée de nuages sombres ; le ciel s'éclaircit à l'horizon.

Au dos, le cachet de la vente Rousseau.

Bois. Haut., 6 cent. 1/2 ; larg., 12 cent. 1/2.

Collection Ch. Jacque.

ROYBET (F.)

91 — *Portrait de Juana Romani.*

Elle est représentée presque de face, jusqu'à mi-corps, le torse enveloppé dans un ample manteau de velours noir. Ses cheveux aux reflets fauves débordent en boucles rebelles et souples du large chapeau de feutre noir. Le visage est sérieux, encore que l'on croie voir un sourire passer sur la lèvre rose. Les yeux s'abritent avec une délicieuse insolence derrière les paupières à demi levées, et le menton achève de donner de la grâce à ce visage si profondément féminin.

Signé à droite, en haut : *F. Roybet.*

Bois. Haut., 81 cent. ; larg., 63 cent. 1/2.

TASSAERT (Octave)

92 — *La Mère et la fille.*

Une chambre à tabatière, la misère et le deuil : au fond, à droite, un lit défait, au-dessous d'une image de la Vierge. A gauche, une table et près d'elle, un petit poêle-fourneau où braisille du charbon.

Sous la clarté franche de la tabatière qui perce le toit, à gauche, la mère est assise, les bras pendants, dans un geste de résignation chrétienne. Assise devant elle, mais plus bas, et courbée près de son cœur, sa fille, les yeux clos, pleure. C'est là l'interprétation très dramatique de ce passage des *Paroles d'un croyant*, de Lamennais (chap. XXV) :

« Et la femme aux cheveux blancs dit : Ma fille, Dieu » est le maître ; ce qu'il fait est bien fait.

» Quand je perdis votre père, ce fut une douleur que » je crus sans consolation ; cependant vous me restiez ; » mais je ne sentais qu'une chose, alors.

» Depuis, j'ai pensé que, s'il vivait et qu'il nous vît en » cette détresse, son âme se briserait, et j'ai reconnu que » Dieu avait été bon envers lui...

» Dieu, dans sa bonté, nous a donné le pain de chaque » jour, et combien ne l'ont pas ! Un abri, et combien ne » savent où se retirer ?

» Il vous a, ma fille, donnée à moi ; de quoi me plaindrai-je ?...

» A ces dernières paroles, la jeune fille tout émue tomba » aux genoux de sa mère, prit ses mains, les baisa, et se » pencha sur son sein en pleurant. »

Signé à droite : *O. Tassaert.*

Toile. Haut., 50 cent. ; larg., 39 cent.

Collection Berthelier.

TATTEGRAIN (F.)

93 — *Le Corps de garde.*

Signé.

Toile. Haut., 46 cent. ; larg., 63 cent.

TOULMOUCHE

94 — *La Femme à la lettre.*

Signé à gauche, en bas : *A. Toulmouche, 1891.*

Toile. Haut., 36 cent. 1/2; larg., 27 cent.

TROUILLEBERT

95 — *Bord de rivière (effet de brouillard matinal).*

Signé à gauche, en bas.

Toile. Haut., 65 cent ; larg., 81 cent.

TROUILLEBERT

96 — *Les Laveuses au bord de la rivière.*

Signé à gauche, en bas.

Toile. Haut., 65 cent.; larg., 81 cent.

TROUILLEBERT

97 — *Bord de rivière.*

Signé à gauche, en bas.

Toile. Haut., 27 cent.; larg., 22 cent.

TROUILLEBERT

98 — *Ève cueillant la pomme.*

Signé à gauche, en bas.

Toile. Haut., 58 cent.; larg., 36 cent.

VILLERS (De)

99 — *Bords de rivière.*

Signé à gauche, en bas : *A. de Villers.*

Toile. Haut., 55 cent.; larg., 31 cent.

VOLLON (A.)

100 — *La Belle Italienne.*

Elle est assise, vêtue du costume brillant et classique, sur un pli de terrain couvert de mousse. Près d'elle, elle a déposé son tambour de basque. Son profil, d'un beau caractère, se dessine à gauche, sur un fond de ciel clair, qui domine la mer.

Signé à droite, en bas : *A. Vollon.*

Toile. Haut., 72 cent.; larg., 48 cent. 1/2.

VOLLON (A.)

101 — *Le Casque de Charles IX.*

Sur une table, on a disposé autour d'un casque dont le volume de métal se dessine sur un fond de tenture rouge d'autres objets : verre en cristal de Bohême, coupe en porcelaine à monture de bronze, collier de pierreries, pistolet arabe, bonbonnière d'émail, montre d'or ancienne, boucles d'oreilles en perles, etc.

Signé à gauche, en bas : *A. Vollon.*

Toile. Haut., 50 cent.; haut., 61 cent.

Collection A. Beugniet.

VOLLON (A.)

102 — *Un Coin de la cuisine.*

Sur le sol, on a organisé diverses natures mortes, des petits poissons, une bassine de cuivre, une tranche de potiron, un baquet renversé sur le fond duquel on a posé une serviette, une passoire et un pot de terre vernissé. Puis, dans le fond, un balai, une banne, etc. A droite, on aperçoit un évier sur lequel se trouve une poterie brune vernissée.

Signé à gauche, en bas : *A. Vollon.*

Toile. Haut., 38 cent.; larg., 46 cent. 1/2.

VOLLON (A.)

103 — *Gibiers et nature morte.*

Sur une table de cuisine, devant une bassine de cuivre et une carnassière en cuir jaune, le chasseur a déposé le produit de sa chasse, gros et petits gibiers à plumes.

Signé à droite, en bas : *A. Vollon.*

Toile. Haut., 54 cent.; larg., 95 cent.

VOLLON (A.)

104 — *Les Bateaux de pêche au Tréport.*

Signé à droite, en bas : *A. Vollon.*

Bois. Haut., 19 cent.; larg., 23 cent.

VOLLON (A.)

105 — *La Seine à Rouen.*

Au fond, la ville sous un ciel bleu, au devant duquel s'envolent des nuées blanches. Au premier plan, à droite, la berge gazonnée. Puis, le long des bords de la Seine, des bateaux amarrés.

Signé à droite, en bas : *A. Vollon.*

Toile. Haut., 38 cent.; larg., 45 cent.

VUILLEFROY (De)

106 — *Vaches au pâturage.*

Signé à gauche, en bas : *De Vuillefroy.*

Bois. Haut., 11 cent.; larg., 13 cent. 1/2.

WEBER (Th.)

107 — *La Jetée de Boulogne-sur-Mer.*

Signé à droite, en bas.

Toile. Haut., 33 cent.; larg., 55 cent.

WEBER (Th.)

108 — *Villefranche-sur-Mer.*

Signé à droite, en bas.

Toile. Haut., 33 cent.; larg., 55 cent.

ZIEM

109 — *Les Voiles blanches sur le Grand Canal, à Venise.*

Près d'un groupe de trabaccos aux voiles blanches, qui sont à l'ancre au milieu du grand canal, passe une gondole et un topo-pêcheur à ligne de fond occupé par de nombreux personnages. Au fond, on aperçoit, plus loin que les embarcations amarrées à droite, les dômes de Saint-Marc au-dessus des Palais, le Palais des Doges et le Campanile, la Piazzetta, la Libreria, etc., jusqu'à la gauche où, au-dessus de la construction de la Douane, s'arrondit le dôme de l'église Santa Maria della Salute. Le ciel est magnifiquement bleu, mais au-devant de sa transparence d'azur, quelques nuées blondes s'envolent légères, fugitives, vapeurs de lumière qui vont se fondre dans l'infini. Et sur l'eau agitée par le geste robuste des gondoliers, il y a comme des reflets de pierres précieuses.

Signé à droite, en bas : *Ziem.*

Bois. Haut., 34 cent.; larg., 66 cent.

ZIEM

110 — *Les Fushias.*

Fleurs rouges se détachant sur un fond sombre.

Signé à gauche, en bas : *Ziem.*

Toile. Haut., 29 cent.; larg., 38 cent.

Collection de la Baronne Alice de Collingen.

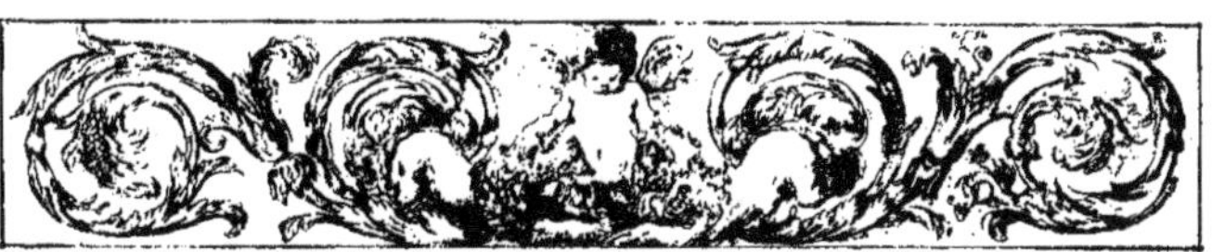

Aquarelles, Pastels

Dessins

BOGOLOUBOFF (De)

111 — *Tour de Montalban, à Rotterdam.*

Pastel.
Signé à droite, en bas.

Haut., 54 cent.; larg., 45 cent.

BONVIN (François)

112 — *Paysanne emplissant un coquemart de cuivre à la fontaine.*

Dessin au crayon sur papier maïs. Signé à gauche, en bas : *F. Bonvin, 1861.*

Haut., 40 cent.; larg., 30 cent. 1/2.

BONVIN (François)

113 — *La Balayeuse.*

Dessin rehaussé de pastel.
Signé à droite, en haut : *1849.*

Haut., 38 cent.; larg., 29 cent.

CHAPLIN

114 — *Baigneuse.*

Une jeune femme, de profil à gauche, émerge nue d'un peignoir bleu doublé de mousseline blanche. Près d'elle, elle a abandonné sur l'herbe une corbeille de fleurs.

Aquarelle, signée à droite, en bas : *Ch. Chaplin.*

Haut., 41 cent.; larg., 26 cent.

Collection Kinen.

DETAILLE (Édouard)

115 — *Hussards et guides en manœuvres.*

Dessins à la plume sur papier maïs, avec des reprises de lavis et de gouache.

Signé à gauche, en bas : *Édouard Detaille, 1886.*

Haut., 13 cent.; larg., 18 cent.

DIAZ

116 — *Le Chemin dans la forêt, après la pluie.*

Aquarelle signée à droite, en bas : *N. D.*

Haut., 12 cent.; larg., 16 cent.

DIAZ

117 — *Petite mare à l'entrée d'un bois.*

Aquarelle signée à gauche, en bas : *N. D.*

Haut., 9 cent. 1/2; larg., 15 cent.

FANTIN-LATOUR

118 — *Le Jugement de Pâris.*

Le peintre a interprété le mythe païen en esthète et en poète, sans cette pointe de galanterie obstinée chez les petits maîtres du XVIIIe siècle. Pour lui, le triomphe de la Beauté se magnifie, sans arrière-pensée égrillarde. Ses déesses, en leur majesté caractéristique, sont bien des déesses, et son berger n'est pas l'éphèbe sujet à d'individuelles tentations : il est l'humanité tout entière, rendant un verdict sans appel. C'est pourquoi la composition a pris, sous le crayon du maître, cette ampleur grandiloquente qui ne lui est pas coutumière. Pour donner à la fable sa plus haute signification, Fantin s'est départi de ses demi-teintes enveloppées ; il a harmonisé ses figures, chairs nues et vibrantes, et écharpes envolées, en des tonalités parfois éclatantes. C'est là un morceau très curieux, très pensé, et très spécial dans son œuvre.

Pastel.

Signé à droite, en bas : *Fantin.*

Haut., 1 mètre; larg., 82 cent.

Salon de 1886.

HARPIGNIES

119 — *Bords de la Nièvre.*

Au premier plan, de l'autre côté du sol dénudé que traverse un cours d'eau, un groupe de constructions, coiffées de tuiles grises, s'élève à l'abri d'une colline plantée d'arbres touffus. Devant les constructions passe une route, sur laquelle est jeté un petit pont de pierre. Au milieu, la rivière prend les reflets d'un beau ciel d'azur au-devant duquel planent des nuées blanches. Puis, par delà des collines boisées, on aperçoit, à l'horizon, des montagnes. Au premier plan, à gauche, des pierres dispersées parmi les bruyères.

Aquarelle signée à gauche : ***Harpignies***, *1867.*

Haut., 32 cent.; larg., 51 cent.

Collection Forbes.

HARPIGNIES

120 — *L'Étang dans la forêt de Fontainebleau.*

A gauche, la marc dont la surface est hérissée de quelques roseaux. A droite et au fond, des arbres dont les troncs tortueux semblent émerger de l'écroulement des roches.

Aquarelle.

Signé à gauche, en bas : *H. Harpignies, 1863.*

Haut., 22 cent.; larg., 29 cent.

Collection de la Baronne Nathaniel de Rothschild.

HARPIGNIES

121 — *Le Petit pont. Le Parc de Saint-Fargeau.*

Le ruisseau qui coule entre des rives boisées est traversé par un petit pont de pierre dont les lignes rigides se dessinent sur un fond de ciel clair.

Aquarelle.

Signé à gauche, en bas : *H. Harpignies, 1879.*

Haut., 14 cent.; larg., 24 cent.

HARPIGNIES

122 — *Le Ruisseau.*

Entre des roches surélevées, le ruisseau coule, mettant des collerettes d'écume aux pierres qu'il rencontre en son cours. A droite et à gauche, de grands arbres isolés dressent leurs branches presque orphelines de feuilles. Au fond, au-dessus des frondaisons, on aperçoit un petit clocher. Dans le ciel clair s'envolent de majestueuses nuées.

Aquarelle.

Signé à gauche, en bas : *Harpignies.*

Daté à droite : *1883.*

Haut. 19 cent. 1/2 ; larg., 14 cent.

Collection Humbert.

HARPIGNIES

123 — *Paysage.*

Aquarelle.
Signé à gauche, en bas.

Haut., 11 cent. 1/2; larg., 8 cent. 1/2.

HARPIGNIES

124 — *Environs de Cannes.*

Un sol mouvementé : des bandes de verdure interrompues par des éboulis de pierres ; puis, plus loin que des massifs d'arbres, au sommet d'une colline, les constructions de la ville.

Aquarelle.

Signé à gauche, en bas : *H. Harpignies, janvier 96. Cannet.*

Haut., 24 cent. 1/2 ; larg., 17 cent.

HARPIGNIES

125 — *Coucher de soleil au-dessus du village.*

Aquarelle.
Signé à gauche, en bas : *H. Harpignies, 83.*

Haut., 16 cent.; larg., 25 cent.

HARPIGNIES

126 — *Le Passage du gué.*

Aquarelle.
Signé à gauche, en bas : *H. Harpignies, 74.*

Haut., 16 cent. 1/2 ; larg., 25 cent.

HARPIGNIES

127 — *Le Canal de Briare.*

Aquarelle.

Signé à droite, en bas : *Harpignies, 88.*

Haut., 18 cent.; larg., 27 cent.

HARPIGNIES

128 — *Menton.*

Encre de Chine.

Haut., 10 cent.; larg., 15 cent.

HARPIGNIES

129 — *Le Ruisseau. Les Bords du Loing.*

Aquarelle.

Signé à gauche, en bas : *H. Harpignies, 1881.*

Haut., 19 cent.; larg., 28 cent. 1/2.

HARPIGNIES

130 — *Le Chemin à travers la forêt. Soleil couchant.*

Aquarelle.

Signé à gauche, en bas : *Harpignies, 89.*

Haut., 37 cent.; larg., 54 cent.

HARPIGNIES

131 — *La Passerelle.*

Aquarelle.

Signé à gauche, en bas : *H. Harpignies, 84.*

Haut., 18 cent.; larg., 25 cent. 1/2.

HERNANDEZ (D.)

132 — *Femme en costume Louis XV.*

Aquarelle.
Signé en bas.

Haut., 36 cent.; larg., 23 cent.

ISABEY (E.)

133 — *Galilée.*

Il est debout, les yeux attentifs au globe terrestre posé sur le sol devant lui. Il n'a pas encore jeté au monde la grande vérité qui devait mettre fin à l'erreur et devait le faire enfermer dans un cachot. Il s'appuie de la main gauche sur un livre que porte une chaise et, de la main droite, il tient un compas. Sur une table chargée de cartes développées, retenues par des objets de porcelaine, il y a une sphère céleste.

Aquarelle.
Signé à gauche, en bas : *E. Isabey, 49.*

Haut., 19 cent. 1/2; larg., 17 cent.

ISABEY (E.)

134 — *Une Rencontre aux siècles passés.*

A l'entrée d'une construction où l'on accède par quelques marches de pierre, un gentilhomme, vu de profil à gauche, rencontre un autre personnage qui se détourne pour lui parler, ainsi que la jeune femme vêtue de rose, à qui il offre le bras.

Aquarelle.
Signé à droite, en bas : *Isabey, 67.*

Haut., 27 cent. 1/2; larg., 17 cent.

Collection de la Baronne Nathaniel de Rothschild.

ISABEY (E.)

135 — *Chemin encaissé entre un vallonnement.*

A droite et à gauche, au sommet de plis de terrain, des platanes dressent leurs frondaisons vers le ciel bleu et offrent leurs écorces à la lumière vive du soleil. Au milieu, un chemin est tracé, marqué par les fondrières des roues des fardiers.

Aquarelle.

Signé à droite, en bas : *E. Isabey.*

Haut., 35 cent.; larg., 26 cent.

JACQUE (Charles)

136 — *Le Troupeau de moutons.*

C'est le matin. La bergère, en bonnet blanc, caraco rose et tablier bleu sur sa jupe brune, mène son troupeau de moutons, aidée par son chien noir. Les bêtes, tassées l'une contre l'autre, laines fumantes, échines tendues, guettent le brin d'herbe mouillé de rosée et craignent le coup de dent avertisseur du gardien vigilant. A gauche, le troupeau va passer devant une entrée de petit bois ; à droite au fond, ce sont les maisons du village, dont les toitures de tuiles brunes se dessinent sur l'écran du ciel où s'envolent de beaux nuages gris.

Pastel.

Signé à gauche, en bas : *Ch. Jacque.*

Haut., 27 cent. 1/2 ; larg., 41 cent.

JACQUE (Charles)

137 — *Moutons à la bergerie.*

Fusain.

Signé à droite, en bas.

Haut., 36 cent.; larg., 31 cent.

JONGKIND

138 — *Au large, sur le Zuyderzée*

A gauche, un vaisseau est vu de poupe. Vers lui s'avance une barque. A droite, d'autres vaisseaux.

Aquarelle.

Signé à droite, en bas : *Jongkind, 1885.*

Haut., 17 cent.; larg., 25 cent.

LAMI (Eug.)

139 — *La Promenade sentimentale.*

Dans le bois, ils étaient seuls, seuls avec la chanson des nids et le murmure de l'air grisé d'automne. Ils causaient : leurs montures marchaient d'un pas égal. Mais voici qu'au tournant d'un sentier, la belle amazone, en costume clair, sentit un étrange malaise fait d'inconsciente volupté et son compagnon la reçoit dans ses bras avec une tendresse émue.

Cette aquarelle est une paraphrase d'un passage de Musset :

« Comme elle fit un mouvement pour sauter à bas de son cheval, je la pris dans mes bras et collai mes lèvres sur les siennes. Mais, au même instant, je la vis pâlir, ses yeux se fermèrent, elle lâcha la bride qu'elle tenait et glissa à terre. » (*Confession d'un Enfant du siècle*, 3me partie, chap. IX).

Aquarelle.

Signé à gauche, en bas : *E. Lamy, 1877.*

Haut., 34 cent.; larg., 25 cent. 1/2.

LAMI (Eug.)

140 — *La Sarabande.*

Dans une salle de fête, des personnages en costume Henri II sont en train de danser la sarabande, accompagnés par un orchestre de luths, de quintons, de basses de viole, de flûtes, etc.

Aquarelle.

Signé à gauche, vers le bas : *E. L.*

On lit une seconde signature dans le bas, du même côté : *E. L. 1878.*

Haut., 14 cent; larg., 23 cent.

Collection de Moulignon.

LHERMITTE (Léon)

141 — *Le Verre de vin.*

Les compagnons ont travaillé et les voilà dans la cuisine, assis ou debout près de la table; l'un, tenant encore de la main gauche le manche de sa pelle, tend son verre pour que la ménagère l'emplisse avec le pichet qu'elle porte de la main droite. Au fond, l'âtre, et sur le chambranle de l'âtre, de vieilles assiettes, une gourde, un chandelier, etc.

Fusain et crayon.

Signé à droite, en bas : *L. Lhermitte.*

Haut., 40 cent.; larg., 44 cent.

Collection Forbes.

LHERMITTE (Léon)

142 — *Paysanne allaitant son enfant.*

Elle est assise presque de face, retenant de ses deux mains l'enfant qui tette, et penchant la tête en avant pour le contempler.

Une fenêtre ouverte à droite permet à la lumière d'entrer plus vive et de promener une caresse blonde sur la tête de l'enfant suspendu à la gorge puissante.

Pastel.

Signé à droite, en bas : *L. Lhermitte.*

Haut., 42 cent.; larg., 34 cent.

LHERMITTE (Léon)

143 — *La Fin de la sieste.*

La journée s'avance, et, après la grande chaleur, les moissonneurs vont reprendre le travail. A droite, à l'ombre d'une meule, l'un, tout de son long couché, dort la tête cachée dans les bras; l'autre vient de se relever et enlève sa veste. A gauche, plus loin que les dizeaux de blé, un massif d'arbres dont les cimes se dressent sur l'écran d'un ciel chaud et diapré.

Pastel.

Signé à gauche, en bas : *L. Lhermitte.*

Haut., 24 cent.; larg., 32 cent.

LHERMITTE (Léon)

144 — *La Glaneuse.*

Fusain.
Signé à droite, en bas.

Haut., 32 cent.; larg., 25 cent.

MOREAU (Gustave)

145 — *L'Ibis rose.*

Aquarelle.
Signé à droite, en bas : *Gustave Moreau.*

Haut., 37 cent.; larg., 24 cent.

Collection C. Coquelin.

MORLOT (A.)

146 — *Vue prise de la terrasse de Meudon.*

Aquarelle.
Signé à droite, en bas : *A. Morlot.*

Haut., 48 cent.; larg., 75 cent.

MORLOT (A.)

147 — *La Terrasse.*

Aquarelle.
Signé à droite, en bas : *A. Morlot.*

Haut., 49 cent.; larg., 75 cent.

Salon de 1899.

RIBOT (Th.)

148 — *La Leçon de couture.*

Dans une pièce sombre, trois jeunes filles sont assises, attentives au travail de couture qu'elles font de leurs mains épaisses. Devant elles, debout, une de leurs compagnes leur donne le conseil et l'exemple.

Signé à gauche, en bas : *T. Ribot.*

Aquarelle.

Haut., 45 cent. 1/2 ; larg., 29 cent.

Collection Hubert Debrousse.

RIVOIRE

149 — *Fleurs dans un vase bleu.*

Aquarelle.

Signé à droite, en bas : *Rivoire.*

Haut., 59 cent. ; larg., 82 cent.

SIMONI (Gustave)

150 — *Danseuse juive devant la mosquée.*

Aquarelle.

Signé à gauche, en bas : *Roma, 1893.*

Haut., 80 cent. ; larg., 55 cent.

SIMONI (Scipion)

151 — *Fileuses dans une vieille cour.*

Aquarelle.

Signé à gauche, en bas : *1893.*

Haut., 97 cent. ; larg., 65 cent.

ZIEM

152 — *Bragozzi et gondoles sur le Grand Canal.*

A droite, le quai bordé des palais et dominé par le Campanile; à gauche, la Douane et l'église Santa Maria della Salute; au milieu, les eaux frissonnantes du grand canal, au-dessus duquel plane un ciel légèrement embrasé de soleil couchant.

A droite et à gauche, des gondoliers promènent leurs embarcations chargées de passagers; plus loin, des bragozzi, les voiles à demi-carguées, sont à l'ancre.

Aquarelle.

Signé à droite, en bas : *Ziem.*

Haut., 16 cent.; larg., 25 cent.

ZIEM

153 — *La Caravane partant du Caire pour la Mecque.*

Les prières sont terminées et voici que, dans le soleil radieux, le peuple se rue vers la lumière et vers la joie. Au fond, les cavaliers s'élancent au galop de leurs montures. Au premier plan, des hommes d'armes, montés sur des meharis, précèdent le cortège que l'on voit s'avancer vers la droite. A droite également, à l'ombre d'un pli de terrain, des personnages sont assis sur le sol. Au fond, dominant la ville, il y a des dômes et des minarets qui se dressent sous le ciel étincelant de clarté.

Aquarelle.

Signé à droite, en bas : *Ziem.*

Haut., 20 cent.; larg., 32 cent. 1/2.

ZIEM

154 — *La Forêt de Fontainebleau, au Bas-Bréau.*

Un des coins que le maître affectionnait du temps qu'il habitait Barbizon. Sous un ciel bleu, au-devant duquel montent des nuées blondes, les roches énormes sont jetées là, comme des débris de mondes qu'auraient anéantis des mains géantes. Et, parmi ces roches, voici que les grains ont levé et que des arbres désormais épanouissent leurs frondaison dorées par l'été.

Aquarelle.

Signé à gauche, en bas : *Ziem.*

Haut., 12 cent.; larg., 21 cent

ZIEM

155 — *Les Lagunes de Venise. Soleil couchant.*

Au large de la ville : une gondole chargée de promeneurs file, obéissant au geste puissant du gondolier. Au fond, à droite, à l'horizon, des collines toutes bleutées sous l'atmosphère. Le soleil, disparu à l'horizon, éclaire encore le ciel de lueurs pâles, tandis qu'au premier plan montent les nuées sombres annonciatrices de la nuit.

Aquarelle.

Signé à droite, en bas : *Ziem.*

Haut., 15 cent. ; larg., 29 cent.

ZIEM

156 — *Le Bord des étangs, en Camargue.*

A gauche, à l'ombre des branches, le pêcheur a amené sa longue barque. A droite, de l'autre côté de l'étang, une construction s'élève ; puis, au loin, c'est l'embouchure du Rhône. Le ciel est clair, avec un vol de nuées blanches.

Aquarelle.

Signé à gauche, en bas : *Ziem.*

Haut., 22 cent.; larg., 31 cent. 1/2.

ZIEM

157 — *Chevaux en Camargue.*

Au milieu des hautes herbes dont la racine plonge dans l'eau, les chevaux sont en liberté. Il y en a de blancs, de bais, de gris pommelé, etc. Dans le ciel bleu s'envolent des nuées grises légères.

Aquarelle.

Signé à gauche, en bas : ***Ziem.***

Haut., 23 cent. 1/2; larg., 35 cent.

ZIEM

158 — *Femmes et enfants dans la forêt de Fontainebleau.*

Dans la forêt, au pied des grands arbres, deux jeunes femmes et des enfants se sont arrêtés. Leurs figures s'indiquent en des harmonies blondes.

Aquarelle.

Signé à droite, en bas : ***Ziem.***

Haut., 13 cent.; larg., 20 cent.

---

159 — Sous ce numéro seront vendus les tableaux et aquarelles non catalogués.

Collection de feu M. E. COUDRAY

TABLEAUX MODERNES

Aquarelles, Pastels, Dessins

Vente HOTEL DROUOT, Salles 9, 10 et 11 réunies

Les Vendredi 12 et Samedi 13 Juin 1908, à 2 h. 1/2

COMMISSAIRE-PRISEUR :

Mᵉ F. LAIR-DUBREUIL, 6, rue Favart

EXPERTS :

M. J. ALLARD, 20, rue des Capucines | M. TH. BONJEAN, 10, rue Laffitte

RÉSUMÉ DU CATALOGUE

Tableaux Modernes

.... 1 — BAIL (Joseph). Une Famille de chats.
.... 2 — BAIL (Frank). Œufs sur un plat.
.... 3 — BAIL (Frank). Ustensiles de cuisine et légumes.
.... 4 — BOUCHÉ. Près de Meaux.
.... 5 — BOUDIN. Canal à Louvain.
.... 6 — BOUDIN. L'Heure de la baignade, à Trouville.
.... 7 — BOUDIN. Port de Trouville, le matin.
.... 8 — BROWN (J.-L.). La Rencontre.
.... 9 — BRUCK-LAJOS. Vieille femme à l'enfant.
.... 10 — BURGERS. Moines conduisant une sœur malade (Venise).
.... 11 — CHAPLIN. La Toilette.
.... 12 — COCK (C. de). Le Printemps (effet du matin).
.... 13 — COCK (C. de). L'Automne (effet du soir).
.... 14 — COROT. L'Étang.
.... 15 — COROT. Le Vieux pont Saint-Michel.
.... 16 — COROT. Lisière du bois, au bord d'un étang.
.... 17 — DAUBIGNY. La Plage.
.... 18 — DE MARNE. Le Marchand de plaisirs.
.... 19 — DE MARNE. L'Heureuse famille.
.... 20 — DIAZ DE LA PENA. Promenade dans un bois.
.... 21 — DIAZ DE LA PENA. La Clairière.
.... 22 — DIAZ DE LA PENA. Étude d'arbres dans la forêt.
.... 23 — DIAZ DE LA PENA. Une Gerbée de fleurs aux couleurs éclatantes.
.... 24 — DINET. Arabe en prière.
.... 25 — DINET. Amusement de fillettes.
.... 26 — DROUAIS (École de). Portrait d'un petit garçon.

.... 27 — DROUAIS (École de). Portrait d'une petite fille.
.... 28 — DUPRÉ (Jules). Cour de ferme.
.... 29 — DUPRÉ (Jules). Les Chaumières dans la campagne.
.... 30 — DUPRÉ (Victor). Vaches paissant dans un pré, au bord d'une mare.
.... 31 — DUPRÉ (Victor). Le Soir sur la plaine.
.... 32 — FANTIN-LATOUR. La Dryade surprise.
.... 33 — FANTIN-LATOUR. Nymphe assise dans une clairière.
.... 34 — FANTIN-LATOUR. Le Panier de raisin.
.... 35 — FANTIN-LATOUR. Vase de fleurs.
.... 36 — FANTIN-LATOUR. Roses, dahlias, pervenches et autres fleurs dans un vase.
.... 37 — FANTIN-LATOUR. Roses diverses sur un feuillage vert.
.... 38 — GROLLERON. Un Dragon.
.... 39 — HARPIGNIES. L'Étang, le soir.
.... 40 — HARPIGNIES. Soleil couchant sur la campagne.
.... 41 — HARPIGNIES. Les Chênes dans la prairie.
.... 42 — HARPIGNIES. Le Matin dans la forêt.
.... 43 — HARPIGNIES. Le Soir.
.... 44 — HENNER. Biblis.
.... 45 — HENNER. La Veuve.
.... 46 — HENNER. Portrait de jeune femme.
.... 47 — HENNER. Nymphe au bord d'un puits.
.... 48 — HENNER. Mignon regrettant sa patrie.
.... 49 — HENNER. Tête de femme rousse.
.... 50 — HENNER. Tête de Hongroise.
.... 51 — ISABEY. Intérieur de l'église de Delft.
.... 52 — ISABEY. Gros temps.
.... 53 — JACQUE. Un Coin de basse-cour.
.... 54 — JACQUE. Le Berger et son troupeau.
.... 55 — JACQUE. L'Étable aux porcs.
.... 56 — JONGKIND. Effet de lune sur un canal, en Hollande.
.... 57 — JONGKIND. Canal en Hollande, au clair de lune.
.... 58 — JONGKIND. Les Patineurs.
.... 59 — JONGKIND. L'Hiver en Hollande.
.... 60 — LANTARA. La Ferme au bord de la rivière.
.... 61 — LANTARA. Le Cottage au milieu de la campagne.
.... 62 — LÉPINE. La Seine au pont de l'Alma.
.... 63 — LÉPINE. Bords de la Seine aux environs de Paris.
.... 64 — LÉPINE. Chemin à la campagne.
.... 65 — LÉPINE. Les Bords de la Meuse. Effet de lune.
.... 66 — LÉPINE. Bateau-lavoir sur le canal, à Saint-Denis.
.... 67 — MARCKE (Van). Pâturage au bord d'une mare.
.... 68 — MASSÉ. Fin d'automne.
.... 69 — METZMACKER. A mon tour.
.... 70 — MORLOT. Coucher de soleil sur la forêt.
.... 71 — MORLOT. Fleurs sur des feuillages sombres.
.... 72 — MORLOT. Effet de lune.
.... 73 — MORLOT. L'Étang dans la clairière.

74 — MORLOT. La Ferme.
75 — MORLOT. La Seine, près de Meulan.
76 — MORLOT. Le Trou Madame, à Saint-Cloud.
77 — MORLOT. Le Parc de la Grange.
78 — MORLOT. Vue de la Grange.
79 — MORLOT. Vue de la Grange.
80 — MORLOT. Vue de la Grange.
81 — POINTELIN. A la nuit tombante.
82 — POINTELIN. Paysage.
83 — RIBOT. Les Deux amis.
84 — RIBOT. Les Pêcheurs bretons.
85 — RIBOT. Le Garçon de cuisine.
86 — RIBOT. Vieille femme cousant.
87 — RIBOT. Les Mendiants.
88 — ROUSSEAU (Philippe). Retour de chasse.
89 — ROUSSEAU (Philippe). La Basse-cour.
90 — ROUSSEAU (Théodore). Ciel d'orage sur la campagne.
91 — ROYBET. Portrait de Juana Romani.
92 — TASSAERT. La Mère et la fille.
93 — TATTEGRAIN. Le Corps de garde.
94 — TOULMOUCHE. La Femme à la lettre.
95 — TROUILLEBERT. Bord de rivière (effet de brouillard matinal).
96 — TROUILLEBERT. Les Laveuses au bord de la rivière.
97 — TROUILLEBERT. Bord de rivière.
98 — TROUILLEBERT. Ève cueillant la pomme.
99 — VILLERS (De). Bords de rivière.
100 — VOLLON. La Belle Italienne.
101 — VOLLON. Le Casque de Charles IX.
102 — VOLLON. Un Coin de la cuisine.
103 — VOLLON. Gibiers et nature morte.
104 — VOLLON. Les Bateaux de pêche au Tréport.
105 — VOLLON. La Seine à Rouen.
106 — VUILLEFROY (De). Vaches au pâturage.
107 — WEBER. La Jetée de Boulogne-sur-Mer.
108 — WEBER. Villefranche-sur-Mer.
109 — ZIEM. Les Voiles blanches sur le Grand Canal, à Venise.
110 — ZIEM. Les Fushias.

Aquarelles, Pastels, Dessins

111 — BOGOLOUBOFF (De). Tour de Montalban, à Rotterdam.
112 — BONVIN. Paysanne emplissant un coquemart de cuivre à la fontaine.
113 — BONVIN. La Balayeuse.
114 — CHAPLIN. Baigneuse.
115 — DETAILLE. Hussards et guides en manœuvres.
116 — DIAZ. Le Chemin dans la forêt, après la pluie.
117 — DIAZ. Petite mare à l'entrée d'un bois.

.... 118 — FANTIN-LATOUR. Le Jugement de Pâris.
.... 119 — HARPIGNIES. Bords de la Nièvre.
.... 120 — HARPIGNIES. L'Étang dans la forêt de Fontainebleau.
.... 121 — HARPIGNIES. Le Petit pont. Le Parc de Saint-Fargeau.
.... 122 — HARPIGNIES. Le Ruisseau.
.... 123 — HARPIGNIES. Paysage.
.... 124 — HARPIGNIES. Environs de Cannes.
.... 125 — HARPIGNIES. Coucher de soleil au-dessus du village.
.... 126 — HARPIGNIES. Le Passage du gué.
.... 127 — HARPIGNIES. Le Canal de Briare.
.... 128 — HARPIGNIES. Menton.
.... 129 — HARPIGNIES. Le Ruisseau. Les Bords du Loing.
.... 130 — HARPIGNIES. Le Chemin à travers la forêt. Soleil couchant.
.... 131 — HARPIGNIES. La Passerelle.
.... 132 — HERNANDEZ. Femme en costume Louis XV.
.... 133 — ISABEY. Galilée.
.... 134 — ISABEY. Une Rencontre aux siècles passés.
.... 135 — ISABEY. Chemin encaissé entre un vallonnement.
.... 136 — JACQUE. Le Troupeau de moutons.
.... 137 — JACQUE. Moutons à la bergerie.
.... 138 — JONGKIND. Au large, sur le Zuyderzée.
.... 139 — LAMI (E.). La Promenade sentimentale.
.... 140 — LAMI (E.). La Sarabande.
.... 141 — LHERMITTE. Le Verre de vin.
.... 142 — LHERMITTE. Paysanne allaitant son enfant.
.... 143 — LHERMITTE. La Fin de la sieste.
.... 144 — LHERMITTE. La Glaneuse.
.... 145 — MOREAU. L'Ibis rose.
.... 146 — MORLOT. Vue prise de la terrasse de Meudon.
.... 147 — MORLOT. La Terrasse.
.... 148 — RIBOT. La Leçon de couture.
.... 149 — RIVOIRE. Fleurs dans un vase bleu.
.... 150 — SIMONI (Gustave). Danseuse juive devant la mosquée.
.... 151 — SIMONI (Scipion). Fileuses dans une vieille cour.
.... 152 — ZIEM. Bragozzi et gondoles sur le Grand Canal.
.... 153 — ZIEM. La Caravane partant du Caire pour la Mecque.
.... 154 — ZIEM. La Forêt de Fontainebleau, au Bas-Bréau.
.... 155 — ZIEM. Les Lagunes de Venise. Soleil couchant.
.... 156 — ZIEM. Le Bord des étangs en Camargue.
.... 157 — ZIEM. Chevaux en Camargue.
.... 158 — ZIEM. Femmes et enfants dans la forêt de Fontainebleau.
.... 159 — Sous ce numéro seront vendus les tableaux et aquarelles non catalogués.

ORDRE DES VACATIONS

Le Vendredi 12 Juin 1908 : *Numéros pairs et le n° 27. Partie du n° 159.*

Le Samedi 13 Juin 1908 : *Numéros impairs à l'exception du n° 27. Partie du n° 159.*

www.ingramcontent.com/pod-product-compliance
Ingram Content Group UK Ltd.
Pitfield, Milton Keynes, MK11 3LW, UK
UKHW020434180726
13839UKWH00003B/1485